나는, 웃는다

창비시선 268
나는, 웃는다

초판 1쇄 발행 / 2006년 10월 20일
초판 8쇄 발행 / 2021년 10월 27일

지은이 / 유홍준
펴낸이 / 강일우
책임편집 / 정소영
펴낸곳 / (주)창비
등록 / 1986년 8월 5일 제85호
주소 / 10881 경기도 파주시 회동길 184
전화 / 031-955-3333
팩시밀리 / 영업 031-955-3399 편집 031-955-3400
홈페이지 / www.changbi.com
전자우편 / lit@changbi.com

ISBN 978-89-364-2268-4 03810

* 책값은 뒤표지에 표시되어 있습니다.

나는, 웃는다

유홍준 시집

창비

차 례

오월

벙어리가 어린 딸에게
종달새를 먹인다

어린 딸이 마루 끝에 앉아
종달새를 먹는다

조잘조잘 먹는다
까딱까딱 먹는다

벙어리의 어린 딸이 살구나무 위에 올라앉아
지저귀고 있다 조잘거리고 있다

벙어리가 다시 어린 딸에게 종달새를 먹인다
어린 딸이 마루 끝에 걸터앉아 다시 종달새를 먹는다

보리밭 위로 날아가는
어린 딸을
밀짚모자 쓴 벙어리가 고개 한껏 쳐들어 바라보고 있다

복숭아밭에서 온 여자

새벽열차가 복숭아밭을 지난다 단물 빠진 껌을 씹으며 여자 하나가 올라탄다 화사하다 싸구려 비닐구두를 구겨 신고 있다 털퍼덕, 허벅지 위에 비닐가방을 올려놓고 빨간 손끝으로 떽 떽 검은 풍선껌을 터뜨리고 있다 복숭아, 복숭아냄새가 난다 저 여자 이내 잠이 들어 군복 입은 사내 어깨에 머리를 처박는다 생면부지 사내의 어깨 빌려 멀고도 먼 꿈을 꾼다 새벽기차표를 끊을 때 군복 입은 사내 곁엔 젊은 여자를 앉히는 이상한 역무원이 있다 몸 섞지 않고도 부부가 되어 종점까지 가는 사람들이 있다 퉤, 침을 뱉듯 아침이 온다 두루마리 비닐 같은 아침햇살이 복숭아밭을 덮는다 깨울 수도 없을 만치 깊이 잠든 싸구려 원피스 볼따구니에 밝고 환하고 고운 햇살 한 움큼이 어룽거리고 있다

얼음나라 체류기

있으나 마나 합니다 내 얼음대문 얼음자물통

낳으나 마나 합니다 내 얼음아이들

얼음시들……

기대기만 하면

녹아버리는 얼음언덕에 기대어

얼음눈물이 줄줄 흐르는 얼음눈으로

바라봅니다 돌아갈 수 없는 얼음고향

얼음동산 믿을 수가 없는 얼음어머니

얼음아내……

여보, 건너려고만 하면 녹아 허물어지는

이 얼음다리 위로

나 어떻게 건너가지?

소음은, 나의 노래

소음은 나의 노래
소음은 나의 자장가
소음 없이 난 이제 하루도 못 살아!

도시로 나와 이십여년, 소음굴 속에서만 살았다
소음 중독자가 되었다
태양인에서
소음인으로
마침내 騷音人으로 나의 체질은 바뀌었다
24시간 연중무휴 제지기계가
고속으로 돌아가는 종이공장에서
소음 없이는 못 사는
이제 소음 없이는 못 자는 소음인

얼마 전에 고향엘 갔다가 알았다
소음을 견디는 것보다
적막을 견디는 것이 더 힘들다는 것을

소음 없는 고향은 견딜 수 없어
소음 없는 고향에선 도대체 잠을 이룰 수가 없어
하룻밤도 못 자고 나는 도망쳐 왔다
매음굴보다 더 지독한
나의 정든 소음굴 속으로

저 봄 언덕에 꽃이 피거나 말거나
저 가을 들판에 벼가 익거나 말거나
너 없이는 못 살아 정든 소음아

의자 위의 흰 눈

간밤에

마당에 내놓은 의자 위에 흰 눈이 소복이 내렸다

가장 멀고 먼 우주에서 내려와 피곤한 눈 같았다, 쉬었다 가지 않고는 견딜 수 없는 지친 눈 같았다

창문에 매달려 한나절,

성에 지우고 나는 의자 위에 흰 눈이 쉬었다 가는 것 바라보았다

아직도 더 가야 할 곳이 있다고, 아직도 더 가야 한다고

햇살이 펴지자

멀고 먼 곳에서 온 흰 눈이 의자 위에 잠시 앉았다 쉬어

가는 것

붙잡을 수 없었다

저울의 귀환

쇠고기 한 근을 샀다
하얀 목장갑 낀 정육점 여자의 손이
손에 익은 한 근의 무게를 베어 저울 위에 얹었다
주검의 일부를 받아안은
저울바늘이
부르르 진저리를 쳤다 저울이
내게 물었다 인간들의 약속이란 고작
이 한 근의 무게가 모자란다고 보태거나 넘친다고 떼어내는 것?
맞아 저쪽 봉우리에서 더 먼 저쪽 봉우리로
주먹만한 고깃덩어리들이 고단한 날개를 저어가는 황혼녘
국거리 쇠고기 한 근 담아 들고
부스럭대는 비닐봉지 흔들며 늙은 어머니를 찾아가면
저울을 떨게 만든 이 한뭉텅이 주검의 무게가
왜 이렇게 가벼운가 문득
저울대가 된 나의 팔이여

모든 것을 들어냈을 때 비로소 평안을 얻는
빈 저울의 침묵이여 나는 제로에서 출발한 커다란 고깃덩어리
주검을 다는 저울 위에 올라가 보고서야 겨우
제 몸뚱어리 무게를 아는 백 열 근짜리
사지 덜렁거리는 인육

포도나무 아버지

얘야 올해는 가뭄 때문에 포도넝쿨이 엉망이구나 아버지 핏줄 한 가닥을 뽑아 나에게 내미신다 자아 받아라 어서, 이제는 이 포도넝쿨을 너에게 넘겨주어야 할 때가 온 것 같구나 아버지 굵은 당신의 팔뚝에서 핏줄 한 가닥을 뽑아 나에게 내미신다 한사코 내밀고 계신다 두 손을 내밀어 나는 아버지의 핏줄을 받는다 우리 집 포도밭 깊숙이 구덩이를 파고 아버지의 핏줄을 옮겨 심는다 넝쿨마다 아버지의 심장이 달리는 포도나무 마디마다 아버지의 눈동자가 주렁주렁 달리는 포도나무 가지마다 넓적한 아버지의 손바닥 이파리가 돋아나는 포도나무를 옮겨 심는다 드디어 나는, 아버지의 포도를 딴다 상자마다 크고 검붉은 아버지의 포도를 따서 담는다 한 상자 또 한 상자 아버지의 벌렁거리는 심장을 담아 싣고 시장으로 내달려간다 얘야 내 포도를 네가 먹으니 즐겁구나 얘야 내 포도를 네가 팔아 새 옷을 사 입으니 보기 좋구나 아버지 껍질눈이 웃으신다 알맹이 발라먹고 뱉은 아버지 껍질눈이 새 옷 사 입은 나를 바라보며 웃고 계신다 행복하다 생전의 할아버지 깊디깊은 눈 속 한번도 들여다본 적이 없는 어린것들이 달라붙어 포도를 먹는다 한 송이 또 한 송이 할아버지 포도를 먹어치운다 알맹이만 발라먹고 뱉어버린 아버지, 껍질눈이 웃으신다 어린것들 바라보며 웃고 계신다

문맹

펄프를 물에 풀어, 백지를 만드는 제지공들은 하느님 같다
흰 눈을 내려
세상을 문자 이전으로 되돌려놓는 조물주 같다

티 없는, 죄 없는
순백
無化의 길……

더욱 완전한 백지에 이르고자
없애고 없애고 또 없애는 것이 제지공의 길이다, 제지공의 삶이다, 마치 거지의 길이며 성자의 삶 같다

그러므로,

오늘도 백지를 만드는 제지공들은 자꾸만 문자를 잃어간다, 문맹이 되어간다

문명에서—문맹으로

휴일 없이
3교대 종이공장 제지공들은 출근을 한다

붕대

그녀가 내 성기에다 붕대를 감는다 성기에도 붕대가 감길 수 있다는 것이 좋다 나는 상처가 많은 것이 좋다 어, 성기에도 상처가 있네! 물건이라 부르는 내 물건에다 그녀가 자꾸자꾸 붕대를 감는다 긴 것이 좋다 붕대가 내 온몸을 감는 것이 좋다 나는 붕대 앞에 두 손을 내민다 성기를 다 감은 그녀가 내 손목을 묶기 시작한다 나는 손목을 묶는 그녀가 내 코 앞에 수그리고 있는 것이 좋다 머리냄새를 맡을 수 있다는 것이 좋다 젖가슴이 이렇게 가까이 있다는 것이 좋다 내게 상처가 없었더라면, 내게 성기가 없었더라면 그녀는 가까이 오지 않았을 것이다 맞다 오로라처럼 흰 붕대가 없었더라면 너의 미라는 태양을 향해 저렇게 반듯이 눕지 못했을 것이다

다방에 관한 보고서

우리나라 다방은 18,536개이다 우리나라 다방 종업원은 29,459명이다 오후 3시 38분 현재, 커피를 주문하는 인간은 5,047명이고 배달 가는 오토바이와 티코는 935대이다 지금 3급 카센터 더러운 쏘파에서 배달 나온 다방 레지의 젖을 만지는 놈은 2,304명 팁을 받으려고 치마를 걷어올린 년은 576명이다 시간당 3만원 하는 티켓을 흥정하는 자가 483명 여관까지 가는 2차를 행차중인 자가 885명이다 여관비+티켓비=? 돈 계산하다가 에라 모르겠다 될 대로 되겠지 하는 아빠가 222명 좀 돌려봐 이년아 엉덩이 끌어당기는 여보가 333명 이 새끼 이거 순 변태 아냐! 개의 뺨을 올려붙이며 욕지거리를 퍼붓는 이브가 73명이다 나들이 열 번으로 금목걸이를 해 건 공주가 4,747명 엄마 별일 없죠? 네에 저도 직장 잘 다니고 있어요 그럼요 걱정 마세요 타락천사가 1,906명 오늘 보건소 가야 하는 백설공주가 5,401명이다 지금 공주의 썩은 가랑이를 들여다보고 있는 보건의는 152명 오늘 은퇴하는 왕비가 84명 새로 입궐하는 궁녀가 157명이다 정말로 굉장한, 이 나라의 행사다

사진관 의자

참 이상한 곳에 놓인 의자군,
아무도 이 의자에 앉아
생각에 잠기지 않고
아무도 이 의자에 앉아 졸지 않고
아무도 이 의자에 앉아 창밖
지나가는 차 바라보지 않네
참 적막한 곳에 놓인 의자
외톨박이 의자군, 오늘도
혼자뿐인 의자 단 한번도
엉덩이가 따뜻해져본 적이 없는 의자
누구랑 마주 앉아서
얘기를 하나, 얘기를 듣나
오늘도 검은 커튼 뒤에 앉아
혼잣말만 하는 의자
독백의 의자 그래도 조용하고
단정한 의자군, 진짜보다 더
예쁜 가짜 꽃바구니 두어 개

제 곁에 갖다놓고 누구는
이 의자 한가운데 앉아
돌사진, 독사진을 찍고
누구는 졸업사진, 영정사진을 찍고
나는 또 새 이력서에 붙일
굳은 표정의 증명사진 몇장을 찍네
시선이 없는 내 청춘의
무표정 몇장을 남기네

수평선

막막하다, 가늘고 길다

어떤 굵은 목숨의 모가지라도

목매달 수 있겠다

질기디질긴

이 명줄

끊어버릴 수 있겠다

봐라 저 수평선 한 토막 잘라 머리 동여매고 한 사흘

이 무거운 머리 밑에 아주 작은 섬 하나 고쳐 베고

나 이렇게 즐겁게 앓아누울 수 있겠다

이것이 정말 죽었나

살았나

이름 모르는 조개들

내 얼굴에 달라붙어 살점을 파먹어도 뜯어먹어도

아교

내 아버지의 종교는 아교,
하루도 아니고
연사흘 궂은비가 내리면
아버지는 선반 위의 아교를 내리고
불 피워 그것을 녹이셨네 세심하게
꼼꼼하게 느리게 낡은 런닝구 입고 마루 끝에 앉아
개다리소반 다리를 붙이셨다네
술 취해 돌아와 어머니랑 싸우다가
집어던진 개다리소반……
살점 떨어져나간 무릎이며 복사뼈며
어깻죽지를 감쪽같이 붙이시던 아버지, 감쪽같이
자신의 과오를 수습하던 아버지의 심정은 어땠을까
아, 내 아버지의 종교는 아교!
세심하게 꼼꼼하게 개다리소반을 수리하시던
아교의 교주 아버지 보고 싶네
내 뿔테안경 내 플라스틱 명찰 붙여주시던
아버지 만나 나도 이제 개종을 하고 싶다 말하고 싶네

아버지의 아교도가 되어
추적추적 비가 오는 아교도의 주일날
정확히 무언지도 모를 나의 무언가를 감쪽같이 붙이고 싶네

민박

민박집 여자가 닭을 잡는다 아이를 들쳐업은 민박집 새파란 여자가 닭모가지를 잡아 비튼다 비트는 힘에 버둥, 닭발이 버둥거린다 피가, 검붉은 닭피가 민박집 저녁 하늘을 물들인다 민박집 여자가 닭대가리를 집어던질 때, 세상이 컴컴해진다 닭피에 똥파리가, 닭피 묻은 종아리에 똥파리가 올라붙는다 고개 들어 바라보면 민박집 지붕 위에 검은 파리떼, 쫓아도 쫓아도 악착같이 엉겨붙어 달의 피 빨고 있다 달의 피 핥고 있다 헛발 내디디면 떨어져 죽을 밤하늘, 죽은 닭의 볏을 달고 달덩어리 하나, 파리떼 같은 구름 속 가고 또 가고 있다

토끼

커다란 귀때기 두 개를 말아쥐고 들어올린다 빨간 눈알 두 개를 들여다본다 하얀 눈밭에서 토끼를 움켜잡은 사람이, 두 귀를 붙잡힌 토끼가, 버둥거린다 허공중에 버둥거리며 네 발을 휘젓고 있다

오오, 누가 귀때기를 움켜쥐고
저울질하듯
한 생명의 전부를 들어올리는가

오오, 이 세상 어떤 영혼 또 어떤 영혼의 전부가 저렇게 꼼짝없이 붙잡혀 들어올려져 버둥거리는가

두 눈 가득 빨갛게 피가 몰린 토끼의, 생명의, 무게의
눈알이여
커다란 귀때기여

나는, 웃는다

깜박,
눈을 붙였다
깼을 뿐인데 누가
내 머리를 파먹은 거야
아주 잠깐 눈을 감았다 떴을 뿐인데
누가 내 눈동자를 쪼아먹은 거야 수박덩어리처럼
누가 넝쿨에서 내 꼭지를 잘라낸 거야 배꼽이
빠지도록 웃는다 숟가락으로 파먹다 만
뒤통수를 감추고 웃는다
이렇게 파먹힌 얼굴
이렇게 파먹힌 뒤통수로
이렇게 쪼아먹힌 눈 이렇게 갈라터진 흉터로
누가 내 뒤통수에 빨간 소독약 묻힌 솜뭉치를 쑤셔넣다 놔둔 거야
누가 내 웃음에 주삿바늘을 꽂아놓은 거야 누가
내 웃음에 링거 줄을 꽂고 포도당을 투약하는 거야
누가 바퀴 달린 이 침대를 밀며 달리는 거야

복도처럼 아득하게 웃는다 미닫이처럼
드르륵 웃는다 하얀 시트가 깔린 이 수술대 위에서
배를 잡고 웃는다 이 흉터 같은 입술
이렇게 붙었다 떨어졌다 하는
흉터 같은 입술로, 누가
흉터 위에
립스틱을 바르는 거야
누가 이 흉터끼리 뽀뽀를 시키는 거야

푸른 도장

두 눈 때꾼해지는 야근을 마치고
공단 식당 허름한 방석 위에 앉아 받는
희멀건 밀양돼지국밥
한 뚝배기

이렇게 싱겁고 이렇게 희멀건 삶엔
소금이라도 더 치고 맵고 짠 다대기라도 더 넣어주어야지
암, 암! 누군가 우스개를 하면
그래 맞다 맞어
빈 창자에 소주부터 한 잔 붓고 건져올리는 국밥 속 고깃덩어리 한 점!

이것 봐,
내가 만든 제품에
그대가 찍어준 **합격** 도장처럼

여기, 푸른 도장이 찍힌 내 숟가락 위의 비곗덩어리 한 점!

개의 두개골을 보다

청도에서, 얻은 복숭아를 베어먹는다 벌레를 씹고 황급히 벌레를 뱉고 얻어먹는 복숭아 썩은 복숭아를 개천 속으로 집어던진다 개천 속에, 어떤 짐승의 것일까 과육이 하나도 붙어 있지 않은 개복숭아씨 같은 해골이 하나, 버려져 있다 살점이 하나도 붙어 있지 않은 뼈의 얼굴 뼈의 입이 벌컥벌컥 물을 마시고 있다 하염없이 하염없이 더러운 개천 물을 들이켜고 있다 이빨이 놀랍도록 희다

꼬리를 머릿속에 집어넣고 다니는,

꼬리를 머릿속에 집어넣고 다니는 짐승도 있을까 사람의 머리통은 왜 손잡이가 없을까 있다면, 그것은 귀때기일까 뜨거운 머리를 쥐고 옮기라고 하느님은 귓바퀴를 차게 만드셨을까 이 머리통은 너무 뜨거워, 벌겋게 달았어 행주로 냄비의 귀때기를 감싸쥐어야 할까 이 머리통을 어디로 옮길 것인가 방바닥이 눌어붙지 않게 책 한 권을 깔아놓아야 할까 뜨거운 머리를 옮길 때의 '주의사항'을 필수로 읽어야 할까 돌연 뒤통수에서 꼬리가 튀어나오면, 엄마야! 기절초풍을 할까 우리는 놀라 머리를 엎지르고 말까 라면냄비를 떨어뜨렸을 때처럼, 한꺼번에 쏟아진 뇌수를 쓸어담지 못해 어쩔 줄 몰라하는 저녁이, 꼬리를 머릿속에 집어넣고 다니는 그 사람이 내게 오긴 올까

몽유도원도

오늘도 어머니
흰 머릿수건 덮어쓰시고
하루종일 복사꽃만 따요
흰 배꽃만 솎아요

(한숨 쉬지 마세요 어머니
제가 조금만 더 자라면 아버지를 죽여버릴게요
그러면 이 나무 밑에 아버지를 끌어 묻으면
틀림없어요 어머니 우리 동네에서
제일로 큰 과일들이
우리 집 과수원에
주렁주렁 달릴 거예요
어머니 한숨 쉬실 일도 없을 거예요)

황사 뿌옇게 날리는 봄날
열살배기 나도 하루종일 배꽃만 따요
아무 말 안하고 빨간

복사꽃만 솎아요

어머니의 가슴속에는
내가 알지 못하는
이상한 과일
한 덩어리가 열려 있을 거예요

그의 흉터

흉터는 뚜껑이다

흉터는 자물통이다

흉터는 그로부터 도무지 떨어지지 않는다

뚜껑 중의 뚜껑,
한 인간을 잠그고 있는 흉터는

아무도 열지 못한다

만능열쇠마저 소용없다, 금고털이도 불가능하다

흉터는 외부에서 열지 못하는 뚜껑이다
흉터는 그의 밀실이다
흉터는 바깥에 열쇠구멍이 없다

흉터는 늙은 수리공마저 포기한 열쇠로 잠겨 있다

흉터 속에 그가
열쇠를 움켜쥐고 들어가 웅크리고 있다

반쪼가리 노래

반쪼가리 오후가 저물고 있었다
반쪼가리 함석지붕 그림자가 허물어지고 있었다
—너 먹을래?
반쪼가리 옆집 누나의 손이 불쑥
반쪼가리 빵을 내밀었다
반쪼가리 빵을 쪼개 동생들에게 주었다
반쪼가리 빵 물고 어둠 내리는 교회 담장 밑에 앉아 울었다
반쪼가리 지붕 밑에서
반쪼가리 인간 부침개가 뒤집히고 있었다
반쪼가리 아버지가 반쪼가리 어머니 또 패대기치고 있었다
반쪼가리 밥상이 오리처럼 날아갔다
반쪼가리 마당 가득 반쪼가리 밥그릇들이 흩어졌다
반쪼가리 교과서를 북북 찢었다 나는
반쪼가리 교과서를 찢고 또 찢으며 울부짖었다
반쪼가리 아버지 런닝구도 너덜너덜했다

반쪼가리 달이 떠서

반쪼가리 잠 자고 어머니 또 행상 나갔다

반쪼가리 아버지 또 검은 고무튜브 옷 입고 시장바닥 기어다녔다

반쪼가리 아버지가 부르는 노래

반쪼가리 동생 업고 시장 입구에 서서 들었다

반쪼가리 태양이 썩은 재래시장 지붕 위로 느릿느릿 지나가고 있었다

모래 속의 얼굴

해운대 백사장 여기저기에
얼굴들이
박혀 있다 지뢰처럼 매설되어 있다

머리통만 내놓고 온몸이 모래로 묻힌 사람들……

두어 삽 모래 끌어다 얼굴만 묻어버리면
주검—
영락없이 주검이겠다

검은 썬글라스를 끼고 모래 속에 누워
고요히 명상에 잠긴—

(오, 주검의 저 평온한 얼굴들!)

올 여름에도
해운대 백사장엔 인산인해,

벌거벗은 비키니 상주들과 문상객들이 어울려
웃고 떠들고 마신다 주검 곁에서
무더기 무더기 평토제 지낸 음식과 술을 나누고 수박을 쪼갠다

어이쿠 이놈의 염천지옥—
잘못 걸어가다간
덜커덩,
주검의 얼굴을 밟겠다
땅 밖으로 불거져나온 주검의 얼굴을 밟고 기절초풍하겠다

지구의 가을

웃음이 썩어가는 가을
네 억지웃음 띤 오른뺨이 썩어가는 가을
썩은 곳을 도려내도 사과라고 부르는 사과처럼
사람이라 불리는 사람의 뺨 한쪽이
썩어가는 가을, 탄저병의 가을
검은 반점 썩어가는 역병의 검은 반점이
파먹어가는 가을
반점 속의 구더기가 공격하는 가을
웃음부터 공격 당하는 가을
참으려고 해도, 환부를 만지고 마는 가을
진물을 만지고야 마는 가을
이 구멍 뚫린 두상
이 구멍 뚫린 뺨
이것이, 이 무름병이
네 존재의

가을이야?

이 뺨을 도려내면
저 뺨이 썩어가는 가을, 가을……

의족

이 공원 구석에
눈병 앓는 눈처럼
눈곱 낀 연못이 있다

누가 의족을 떼어 던진 걸까?
저 더러운 연못 속
누런 고무장딴지 같은 잉어들

물 위에 침을 뱉고 나는
잉어떼를 들여다본다
침처럼 흩어지려는 물 위의 내 얼굴을 본다

연못가 벤치 위에
한 토막 잉어,
비린내 심한 제 비늘을 말리고 있다

저 토막은 또 어디

지느러미 떼놓고 온 걸까?

고무장딴지 떼어 던진 사람이
펄럭, 펄럭
바짓가랑이 지느러미를 흔들며 사라져갈 때

도화동 공터

중풍을 앓던 아버지가 삐딱삐딱 가로질러 가던 공터 디딜 수 없는, 나는 딛지 못한 공터 어디에 뒀더라, 옷이 되지 못한 자투리 같은 공터 누더기 누더기 기운 공터 헛젖이 달린 공터 헛배를 곯던 공터 우울의 그림자 길게 키우던 공터 전봇대에 매달린 보안등만이 목격한 공터 다 늦게 춤바람난 어머니 야반도주하던 공터 빽빽 담배를 빨며 멀리 오색 카바레 불빛을 바라보던 공터 입맛이 씁쓸하던 공터 억장이 무너지던 공터 석 달도 못 채우고 돌아온 어머니 금세 옆집 요구르트 아줌마랑 수다를 떨던 공터 한심한 공터 빌어먹을 공터 중풍을 앓던 아버지처럼 등짝이 삐딱한 공터 아모레 화장품 팔러 다니던 어머니처럼 낯짝이 얽은 공터 흉물의 공터 곰보딱지의 공터 카악 퉤, 가래침을 뱉고 떠나온 공터 끝끝내 우리 집이 되지 못한 마포구 도화동 가든호텔 뒤의, 그 언덕배기의

이장移葬

복숭아 복숭아 개복숭아나무 아래

어려서 죽은 형의 두개골 파묻혀 있다

미친 미친 개복숭아나무 아래 젊어 죽은 내 아버지의 두개골 파묻혀 있다

해골 해골 개복숭아나무 아래 해골—

돌너덜겅 지나

양손에

아버지와 형의 두개골을 들고 걸어가는 봄날,

누가 귀신 붙었다고 미쳤다고 개복숭아나무 가지로 내 등짝 안 후려쳐주나

물고기 꿈

내가 태어나고 자란 낡아빠진 기와집이
한 마리
검은 물고기 같다

노을에 물드는 옛집 기왓장들, 비늘처럼 반짝이는 때

잡초 우거진 마당에 우두커니 서서 바라보면
아가미 같은 부엌문은 덜렁거리고
헐어빠진 옆구리로 저녁바람은 빠져나간다

살을 모두 발라먹고 남긴 생선뼈다귀처럼 앙상한 옛집
서까래들

피라미처럼
떼지어 뭉쳐 놀던
육남매의 좌심방 우심실 두 칸 방은 허물어졌다

둥근 물고기 눈 홉뜨고, 옛집 멀거니 바라보고 돌아온 날

꿈을 꾸었다 지느러미 같은 용마루를 곧추세우고
옛집이
한 마리 커다란 물고기 되어 유유히 헤엄쳐가고 있었다

보름달처럼 환한 할아버지 할머니 아버지
근심 걱정 없이 옛집 물고기 등에 올라타시고
아득하고 먼 茫茫
大海, 흘러
흘러가고 있었다

일주일 후,

일주일 후, 히말라야시다
아래 처박혀 있을 것이다
일주일 후 나는 한쪽 뺨이 썩어 있을 것이다
나는 맨발, 춤을 추고 있을 것이다
나를 들여다보는 사람들의 등 뒤에서 나는
한쪽 뺨이 썩은 것쯤 아무렇지도 않게 생각할 것이다
일주일 후 어머니가 울 것이다
일주일 후 어머니의 울음에 맞춰 나는 춤을 출 것이다
세상은 내 주검에 자꾸만 술을 부어줄 것이다
죽어서도 나는 술에 절 것이다
일주일 후 히말라야시다 아래 거적은 치워질 것이다
훔쳐보던 구경꾼들도
문상객들도 모두 멀쩡한 얼굴로 돌아갈 것이다
일주일 후 히말라야시다 그늘은
더욱 깊고 서늘해질 것이다
일주일 후
언제 올지 알 수 없는 일주일 후

반달

내 손톱 속의 반달을 놓아주려고 오늘도 어둡고 컴컴한 것들을 후벼 판다 손톱이 죄 닳아 빠지는 날 어둠을 만나 노 저어갈 반달을 위하여

아무리 기다려도 보름달로 자라지 않는 내 손톱 속 반달을 위하여

네 몸이 젤루 캄캄해 네 맘이 젤루 어두워 달라붙어 살 속으로 파고드는 비루먹을 반달을 떨쳐버리려고

아스팔트 속의 거북

이 아스팔트 밑에 거북이 산다
분명하다 갑골의 등짝처럼 딱딱한 이 길바닥이
저렇게 쩍쩍 금이 간 것은,
원칙을 지키지 않은 공사 탓이
아니다 짧고 뭉툭한 발목에 질끈 힘을 주고
끙차, 아스팔트 속의 거북이 등짝을 밀어올렸기 때문
확실하다 초과적재한 저 화물차의 중량 탓이
아니다 저 균열, 거북의 등을 보라
이 비루먹은 길들을 다 갈아엎을 심산으로
해안이 가까운 남해나 거제
해남이나 진도의 캄캄한 밤에
아스팔트 속으로 제 대가리를 밀어넣었을 거북!
이 망할놈의 나라 도로 곳곳을
오늘도 롤러를 단 공사용 차량이 다진다
갈라 터진 길바닥에 새 아스콘을 붓고 다진다
아스팔트 속의 거북 수천 마리가 떼죽음, 압사를 당한다

한 아름의 실감

빨래를 널고 있는 아내의 등 뒤로
살금살금 다가가
안고 싶다, 안아보고 싶다
실감, 한 아름의 실감이여
(허공은 백번 안아보아도 허공!)
가늘고 날씬한 여자는 싫다
아름에 꽉 차는 오동포동한 여자가 좋다
마흔셋, 드디어 나도 실감을 느끼는 나이 실감을
좋아하는 나이가 되었다 (너무 조숙한가?)
넘치지도 모자라지도 않는
한 아름, 한 아름의
실감이여
흐뭇하다 안아줄수록 좋아하는 실감이
지금 나와 함께 살고 있다
아름답다 실감이 입었던 옷을
하얗게 빨아 너는 아내여

백년 정거장

백년 정거장에 앉아
기다린다 왜 기다리는지
모르고 기다린다 무엇을 기다리는지
잊어버렸으면서 기다린다 내가 일어나면
이 의자가 치워질까봐 이 의자가
치워지면 백년 정거장이
사라질까봐
기다린다 십년 전에 떠난 버스는
돌아오지 않는다 십년 전에 떠난 버스는
이제 돌아오면 안된다 오늘도 너는 정거장에서 파는
잡지처럼 기다린다 오늘도 너는 정거장 한구석에서 닦는
구두처럼 기다린다 백년 정거장의 모든 버스는
뽕짝을 틀고 떠난다 백년 정거장의
모든 버스는 해질녘에 떠난다 백년
정거장의 모든 버스는 가면
돌아오지 않는다 바닥이 더러운 정거장에서

천장에 거미줄 늘어진 정거장에서
오늘도 너는 왜
기다리는지……
모르면서 기다린다 무엇을
기다리는지 모르면서 기다린다

마스크를 쓴 개

마스크를 쓴 개는 아무렇게나 비밀을 발설하지 않는다 함부로 뼈다귀를 물고 달아나지 않는다 아무 곳에나 오줌을 갈기지 않는다 쉽사리 뒤로 붙는 흘레를 붙지 않는다 마스크를 쓴 개는 제 독사진을 제 방 벽에 척 걸어놓고 산다 거울 앞에 앉아 개가 아닌 제 얼굴을 들여다보며 실망을 한다 마스크를 쓴 개는 두 발로 걷는다 얌전히 식탁 앞에 앉아 밥을 먹는다 이빨을 닦는다 껌을 씹는다 마스크를 쓴 개는 음악을 듣고 책을 읽는다 행복이란 무엇인가, 마스크를 쓴 개는 골똘히 생각한다 양지 쪽 벤치에 앉아 꽃 피는 풍경들을 바라본다 마스크를 쓴 개는 올봄 오로지 집 나갈 생각뿐이다 아니다 집에서 쫓겨날까봐 걱정이 태산이다 마스크를 쓴 개는 제 방은 제가 치운다 신문을 펼쳐놓고 발톱을 깎는다 모자를 쓰고 어슬렁거린다 마스크를 쓴 개는 제 동네만 산책한다 마스크를 쓴 개는 늘 혼자 다닌다 똥을 누고 말끔히 뒤를 닦는다 마스크를 쓴 개에게 너무나 오랫동안 길든 마스크는 얼굴이 되어 벗겨지지 않는다 마스크를 쓴 개는 마스크 위에 화장

을 한다 진종일 시의 뼈다귀 하나만을 물고 핥고 빨고 논다 시인이라는 마스크를 쓴, 이상한 개는

尾行

인간의 길은 모두 바다로 가서 빠져 죽는다,라고 쓴 엽서를 전해주고 우체부가 오후의 오솔길로 사라진다

오솔길이 하늘을 향해 기어오른다 아직 어린 구렁이 새끼 한 마리 제 아름다운 몸을 오솔길처럼 구부렸다 폈다 황천행,

수련중이다

美行이다

검은 관 위의 흰 백합

어디를 눌러야 할지
눌러야 할 피스톤이 없다

저것은 죽음을 불러내는 트럼펫,

있는 대로 목구멍을 열어젖히고
저것은
비명을 지른다

최대한으로 입을 벌린, 흰 백합 트럼펫의 주둥이……

나는 조곡을 연주했다

누가 저것을 주검에게 바쳤나,
검은 상복을 입고 새하얀 면장갑을 끼고

나는 검은 관 위의 흰 백합 트럼펫을 불었다

저녁이 오면 고기가,

저녁이 오면 고기가
고기를
필요로 할 것이다
쟁반이 날아다닐 것이다
쟁반을 타고 고기는 날아다닐 것이다
쟁반을 타고 고기는 사라질 것이다
막무가내 어둠이 세상에게 검은
옷을 입힐 것이다 개털 옷을 입힐 것이다
머리통이 커다란 세상은 아침이 고통스러울 것이다
그 옷을 입고 벗는 것이 고통스러울 것이다
빨다 만 뼈다귀를 내버려두고
잠든 개 코 위에
똥파리 같은 아침이 날아와 앉을 것이다
코를 벌름거리며 입 언저리에 남아 있는 어둠을 핥을 것이다
우리는 개가 되었던 밤을 추억할 것이다 개가 되었던
밤을 서서히 잊을 것이다 엉덩이라 부르는

두 쪽 살덩어리를
씰룩거리며 돌아다닐 것이다

어머니 독에 갇혀 우시네

어머니 커다란 독에 갇혀
우시네 엉덩이가 펑퍼짐한 어머니
텅 빈 독 속에 갇혀 우시네
똬리 틀고 들어앉아
우시네 자식을 일곱이나 낳은
어머니 아랫배가 홀쭉한 어머니
배암으로 우시네 두꺼비로 우시네
마른 바람의 혓바닥으로 우시네
텅 텅 독을 빠져나갈 수가 없어서
텅 텅 텅 텅 빈 독 두드리며 우시네
속절없이 먼 하늘 바라보며 우시네
일흔살 어머니 두드리면
댕그랑 댕그랑 맑은 울음 우는 빈 독
나, 손마디로 두드리며 묻네

간장 같은 된장 같은 어머니, 거기 계셔요?

은사시나무 길

주머니 속에 목마를 넣어 다니는 사람이
은사시나무 밑을 지난다

그가 목마를 깎을 때,
그가 아직 목마에게 말굽을 신기지 않았을 때,

목마에게서 태어난 은사시나무 보풀이
갈기를 세우고 흩날리고 있었다

저녁의 은사시나무 길, 저 석양을 눈 속에 다 집어넣은
목마의 무릎이 삐걱거린다

지평선 너머
누군가 삐거덕삐거덕 목마를 타고 사라지고 있다

천국 가는 길

택시기사 박원호 씨는 고달픈 사람
저승에 당도하지 못한 영혼처럼 헤맸네 이승의 거리
안마소 앞 네거리에서 세 사람의 승객을 태웠네
천국으로 가는
짙은 썬글라스 낀 안마사들
반듯한 콧날에 가지런한 차림새지만 소경이라네
마귀의 옷과 귀신의 음식을 파는 백화점 거리를 지나자
천국까지의 거리 물어왔다네
헤매도는 영혼이 측량할 수 없는 거리……
택시기사 박원호 씨 길라잡이 되지 못해 얼버무리는데
직진하다가 좌회전 두 번 하면 닿는다는 장님 안마사들
천국으로 가는 길 빤히 알면서 공연히 물은 듯하네
장님이 아니었나요? 룸미러 속을 들여다보며 되물으면
그럼요 우리가 정말 못 보는 줄 아셨어요! 웃음 화사한 대답
사람이 어찌 눈으로만 보나요 먹어보고 입어보고 만져보고

느껴보잖아요 그리고…… 믿어보잖아요 택시기사 박원호 씨
천국 갔다 돌아오는 길
그 길 잊어먹지 않으려고 마음속 이정표들 꼭꼭 새겨두었네
그곳 그다지 먼 길 아니었다네

안개가 흘러나오는 수화기

누가 보이지 않는 누군가와 통화를 하다가
끊어버렸는지,

안개 자욱한 밤에 나는 보았다
주검의 모가지처럼
디룽거리는
디룽대는
외가닥 줄 끝을

또 어디선가 앰뷸런스 소리가 다급하게 흘러가고
죽지 않은 내가 가야 할 곳은
언제나 모든 것의 반대편이라고 중얼거리는 밤에
그칠 것 같지 않은 안개와 잡음과
신음이 흘러나오는 공중전화 수화기

인적 드문 기차 건널목 근처, 유리파편 흩어져 있는 공중전화 부스에서

앰뷸런스에 실려간 주검이 남긴 잔액으로
손가락이 기억하고 있는 전화번호를 누르면
안개 저편에서 흘러나오는
귀에 익은 그대의
호곡(號哭)

뚜뚜뚜뚜뚜뚜……

빌어먹을 동백꽃

동백꽃 한 송이가 툭 떨어집니다 위층 사는 백수가 동백이파리 같은 피크를 쥐고 뚱땅뚱땅 기타줄을 튕길 때 동백꽃 한 송이가 툭 떨어집니다 막 이혼한 여자가 옷가지를 챙겨 덜덜덜덜 가방을 끌고 지나갈 때 동백꽃 한 송이가 툭 떨어집니다 209동 경비아저씨의 졸음이 무겁고도 무거운 머리통을 떨어뜨릴 때 동백꽃 한 송이가 툭 떨어집니다 끼이익, 어디선가 다급하게 브레이크 밟는 소리 들릴 때 동백꽃 한 송이가 툭 떨어집니다 아날로그 시곗바늘 세 개가 잠시 정오에 모였다가 째까닥 떨어질 때 동백꽃 한 송이가 툭 떨어집니다 앞치마 두른 내 여자가 분리수거통을 열고 음식물쓰레기를 쏟아부을 때 동백꽃 한 송이가 툭 떨어집니다 지랄하고는 허리가 부러졌나, 하루종일 드러누워 지내는 니트족 내 아들놈이 리모컨을 돌릴 때 떨어집니다 채널이 바뀔 때마다 떨어집니다 화면이 바뀔 때마다 떨어집니다 동백꽃 한 송이가 툭 떨어집니다 에라 이 빌어먹을, 아무짝에도 쓸모없는

지하급식소

그는 늘 늦은 점심을 먹는다 그는 늘 가장 구석진 자리를 골라앉아 먹는다 그는 한번도 고개를 쳐들지 않고 먹는다 그는 늘 깊은 생각을 하며 먹는다 자, 회색 벽에게 한 숟갈— 자, 차갑고 축축한 구석에게 한 숟갈— 자, 누런 서류봉투 너도 한 숟갈— 그는 신문을 뒤적거리며 먹는다 그는 자기와 아무 상관도 없는 기사를 읽으며 먹는다 그는 언제나 지난 일자 신문을 읽으며 먹는다 아니다 그는 언제나 밥을 읽으며 글자를 먹는다 한 자 한 자 먹는다 한 알 한 알 먹는다 그는 젓가락 끝만으로 먹는다 이 세상에서 그는 제일로 맛대가리 없이 먹는다 자, 파리에게도 한 숟갈— 자, 바퀴벌레에게도 한 숟갈— 자 그다음, 낡고 낡은 오버코트 너도 한 숟갈— 오늘도 그는 밥을 먹지 않는다

밥이, 그를 먹는다

팔만대장족경

고향집 장독대에
이제는 다 채울 일 사라져버린 서 말가웃 장독 하나가 있다

흘러내린 바지춤을 스윽 끌어올리듯 무심코 난초 잎을 그려넣은
장독 앞에서 팔만개의 족적을 본다
반죽을 다지고 또 다졌을 팔만개의
발자국소리를 듣는다

누가 한 덩어리 흙 위에
저만한 발자국을 남겨
제 발자국을 똘똘 뭉쳐 독을 짓는단 말인가

천도가 넘는 가마 속에서
발갛게 달아올랐을
발자국이여

뒤꿈치여

단 한번이라도
저 독 속에 들어갔다 나왔다면 나는
대시인이 됐을지도 몰라

간장이 익어 나오는 걸 봐
不正이라고 못 익히겠어 천벌이라고 못 익히겠어

콧물 훔치듯 난초 잎을 올려 친
팔만대장,족경이여

오토바이와 쟁반

쟁반을 든 여자, 쟁반을
보자기로 싼 여자가 간다
껌처럼 찍찍 늘어나는 비닐구두를 신고
보쉬카센터를 향해 한양이발관을 향해
○○텔레콤을 향해
노랑머리를 흔들며 간다 방뎅이를 돌리며 간다
가슴을 열고 간다 허벅지를 열고 간다
더이상은 어쩔 수가 없는, 아슬아슬한
미니스커트로 들어간다 뽕브라로 들어간다
배꼽을 앞세우고 들어간다 쫄 만큼 쫄아버린 쫄티로 들어간다
기름손이 주무른다 가위손이 주무른다
전자손이 주무른다
저 보자기 속의
커피잔,
온갖 개
잡놈들이 핥고 빤

제 또래 쟁반을 태우고

꽁지머리 묶은 오토맨 녀석 찍찍 껌을 씹으며 달린다

왜앵왜앵 차선을 무시하고 신호를 무시하고 달려나
간다

외장포 일기

외장포 문지방에 가슴 얹고 바라봅니다
고기는 모두 빠져나가고 비린내만 남아
성긴 그물의 저녁,
외장포 사람들 납처럼 무거운 허파를 달고
잠수합니다 바닥 밑의
바닥으로 내려갑니다
보세요 두개골 디룽디룽 매달린
밤의 그물,
갯바위에서
제 머리통을 떼어 추를 달고
제 살점을 떼어 미끼를 드리운 사람은
이 칠흑의 밤 무엇을 낚고 무엇을 놓칠까요
텁썩, 사람의 머리통을 물고 찌를 흔들며
요동치는 태양을
아침 바다에서 낚아챈 사람은 얼마나 놀랄까요
얼마나 뒷걸음질 칠까요 사투사투(死鬪死鬪) 황금비늘 눈부신

태양물고기가
외가닥 낚싯줄을 끊고 사라져버리면
그물 속 잡어 떼어 던지듯 세상이 그를 또 툭 내동댕이
쳐버리겠지요

눈썹벌레

또 꿈틀거린다 요새는 자주 눈썹이 꿈틀거리는 걸 느낀다 지금도 가느다란 경련이 오고 있다 손을 뻗어 꿈틀거리는 눈썹을 문질러본다 도망가지 못하도록 꼬옥 눌러본다 조금 걱정이 된다 눈썹이 달아나면 어떡하지, 나는 죽을지도 모른다 달아난 눈썹을 따라 머나먼 곳으로 가야할지도 모른다 눈썹이 달아난 내 얼굴을 사람들은 잘 알아보지 못할지도 모른다 안되겠다 내일은 한의원에 갈까 성형외과에 가서 벌레문신을 할까, 걱정이다 오늘도 내 푸른 눈썹벌레 한 마리가 자꾸만 어디론가 기어가려고 꿈틀거린다

계단을 찾아서

계단 밟고 싶어 용두산 간다
공원을 배회하는 비둘기의 깃들에 계단이 숨어 있다
날개를 꿈꾸던 자들이 쌓아올리다가 미완을 계단을
비둘기의 깃 속으로 슬쩍 밀어넣었다 하늘을 갈망하는
세상의 모든 계단이, 지친 허리에 손을 짚고
한숨을 쉰다 계단 옆 사철나무 잎사귀들도
층층 계단이다 바람이 불 때마다 신음소리를 토해낸다
바다가 지상을 향해 출렁출렁 계단을 보여준다
비둘기에게 저 바다의 계단을 물어오라 시켜보지만
저 날것은 제 날개 속의 계단만으로도 죽을 지경이란다
온갖 탄식이 함축된, 뱃고동소리를 듣는
용두산 언덕……
저기 바다의 끝자락에 있는
계단 아래로 세상의 무거운 짐 실은 화물선 한 척이 또

툭,

떨어진다

기계는 기계의 염주 베어링을 돌린다

저 산중 절간
두 눈 질끈 감은 스님은
좌정하고 염주 돌리며 무어라 무어라 중얼거리고
저 고요한 성당
미사포 쓴 수녀님은 하염없이 고개 처박고
묵주 돌리며 로사리오 기도를 올리지만
내가 다니는 종이공장
제지기계는
베어링을 돌린다
스님보다도 오래, 수녀님보다도 더 끈질기게
기계는 기계의 염주 베어링을 돌리며 용맹정진을 한다
소음이라 부르는 기계의 염불 소음송(騷音頌)을 외우며
오직 한 길 생산도(生産道)를 닦는다

가진 것 없고 배운 것 없는 내가 믿는 건 이 공장 이 기계의 크신 능력뿐,

오늘도 나는 푸른 생산도복을 입고
닦고 조이고 기름 치나니
일용할 양식 내리시는 기계신 앞에

사하촌의 봄

곰팡이가 피었다 곰팡이가 슬었다
연화대 위 부처의 눈동자에
허옇게

백태가 꼈다

시치미 뚝 떼고 제 똥 위에 꼿꼿하게 앉아 있는 부처,
저 지독한 부처의 똥냄새를 지우려고 날이면 날마다
피워대는
대웅전의 싸구려 향냄새

뭐라고, 대웅전이 아니라 여긴 영안실이라고?
뭐라고, 영안실이 아니라 여긴
똥덩어리 위에 허연 곰팡이 백련이 피어 있는

천년 묵은 해우소 연못이라고? 뭐라고, 연화대가 아니라
부처가 앉아 있는 저곳은 궁둥이 싸늘한 변기, 뭐라고?

치질 걸린 부처처럼 퍼질러 앉아 바라보는
절 밑 사하촌……

담장 밑에 쪼그려 앉아 동백 몇그루
지금
시뻘건 꽃 떨어뜨리는 중, 시뻘건 피똥 싸지르고 있는 중

만화방창 꽃들의 똥냄새에 취해 재배 삼배 절을 올리고
엉거주춤 괴춤 추스르는 오늘은
오래오래 변비 앓던 꽃들의 배설일

백태 낀 부처의 눈동자 속으로
빼얼건
동백 꽃덩이들 뚝뚝 싸갈기는 봄날

가봉이 덜 된 옷들이,

가봉이 덜 된 옷들이 바다를 향해 걸려 있었다 사람이 덜 된 사람이 바다를 향해 걸어가고 있었다 손을 놓아버리면 어느 한쪽이 굴러가 죽어버리는 언덕길을 내려가고 있었다 바다로 가고 있었다 손가락을 물고 사람이 덜 된 사람의 꽁무니를 바라보고 있었다 골목 끝에 그 여자, 바다를 등지고 앉아 게처럼 붉은 발톱에 매니큐어를 바르고 있었다 파도가 그 여자 어깨를 밀었다 당겼다 흔들고 있었다 펄럭펄럭 가봉이 덜 된 옷들이 바다를 향해 손을 내젓고 있었다 끝내 팔리지 않는 옷이 있었다 끝끝내 팔리지 않는 퇴물의 생이 삭아가고 있었다

배추벌레

배춧잎을 갉아먹는
배추벌레를 찾으려면
배추 앞에 쪼그리고 앉아야 한다
배추 밖에서 배추 속의 배추벌레를 찾으려면
배추밭에 배추처럼 엉덩이를 땅에 붙이고
(내 사타구니 속의 무엇이 땅속에
뿌리를 박도록) 쪼그려
앉아야 한다

(저 배추잎사귀처럼) 생각 위에 생각을 겹겹이 싸며 생각해야 한다

잎 위에 잎을 쌓아 (생각 위에 생각을 쌓아)
내가 들어가 찾을 수 없는
푸른 배추 속 푸른
배추벌레
몇마리!

내 입술에 씌우는 콘돔

나에게 어울리는 누더기, 나에게 어울리는 시의 누더기, 나에게 어울리는 주정, 나에게 어울리는 시의 술주정, 나에게 어울리는 폐허, 나에게 어울리는 시의 폐허, 나에게 어울리는 폐가, 나에게 어울리는 시의 폐가, 나에게 어울리는 가출, 나에게 어울리는 시의 가출, 나에게 어울리는 구걸, 나에게 어울리는 시의 구걸, 나에게 어울리는 부패, 나에게 어울리는 시의 부패, 나에게 어울리는 액션, 나에게 어울리는 시의 오버액션, 나에게 어울리는 추락, 나에게 어울리는 시의 추락, 나에게 어울리는 거짓말, 나에게 어울리는 시의 거짓말, 나에게 어울리는 진창, 나에게 어울리는 시의 진창, 나에게 어울리는 추태, 나에게 어울리는 시의 추태, 나에게 어울리는 후회, 나에게 어울리는 시의 후회, 나에게 어울리는 매독, 나에게 어울리는 시의 매독, 나에게 어울리는 피똥, 나에게 어울리는 시의 피똥, 나에게 어울리는 치질, 나에게 어울리는 시의 치질, 나에게 어울리는 낙태, 나에게 어울리는 시의 낙태, 나에게 어울리는 자해, 나에게 어울리는 시의 자해, 나에게 어울리는 자폐, 나에게 어울리는 시의 자폐, 나에게 어울리는 구토, 나에게 어울리는 시의 구토, 나에게 어울리는 콤플렉스, 나에게 어울리는 시의 콤플렉스, 나에게 어울리는 구석, 나에게 어울리는 시의 구석, 나에게 어울리는 침울, 나에게 어울리는 시의 침울, 나에게 어울리는 시시껄렁, 나에게 어울리는 시의 시시껄렁, 나에게 어울리는 동문서답, 나에게 어울리는 시의 동문서답, 나에게 어울리는 불륜, 나에게 어울리는 시의 불륜, 나에게 어울리는 콘돔, 나에게 어울리는 시의 콘돔, 내 시에 씌우는 콘돔, 내 시의 입술에 씌우는 콘돔, 내 시의 대가리에 덮어씌우는

문 열어주는 사람

양양 남대천에 연어 보러 갔다가, 자동차 열쇠를 차 안에 두고 문 잠그고 내렸다가 알게 되었다 세상에 하루종일 한 달 내내 문 열어주러 다니는 사람이 있다는 거, 그것을 알게 되었다 그동안 나는 몇편의 시로 갇힌 영혼의 문을 열어주었나?

물길 따라 멀리 흰 구름 흘러가는 남대천, 자동차 보험회사의 문 열어주러 다니는 사람을 기다리며 나 반성을 했다 여러번 후회를 했다 지금 나는 누군가가 와서 문을 열어주지 않으면 한 발자국도 움직이지 못하는 사람! 저기 7번국도 위로 연어떼 같은 자동차들이 줄지어 줄지어 귀가하는 것 예사로 보이지 않았다

저기, 바다와 만나는 남대천 끄트머리가
똥구멍처럼 빠끔히
열쇠구멍처럼 빠끔히 열려 있었다

몽블랑 만년필

정액이
가득 차기를

기다린다
자위를 한다
끝이 갈라진 성기로

惡文을 새긴다
조루, 조루. 사정을 하고 꼬꾸라진다

끝이 갈라진 성기를 쥐고
악문아, 악문아, 악문이 내 이름을 부른다

어안이 벙벙하다

비늘로 뒤덮인 것들이, 조금씩 비늘이 벗겨지는 것들이 나를 올려다보고 있다 옆구리 썩어가는 것들이, 조금씩 입 언저리 썩어가는 것들이 나를 올려다보고 있다

저 물고기의 눈들은 딴 데를 보고 있는데도 다 나를 보고 있는 것 같다 하염없이 입술을 움직이는 물고기, 언제나 곁눈질을 하는 물고기는 눈으로 말하는지 입으로 말하는지 알 수가 없다 어안이 벙벙하다

어물전 여자가 새빨간 매니큐어 바른 손가락 두 개를 뱃속으로 집어넣고 내장을 끄집어낸다 창자가 탯줄 같다 허파가 태아 같다 탯줄이랑 태아랑 뒤엉켜 있다

어물전에서 죽고 사는 건 별것 아니다 만성황달 앓는 간염 환자, 나는 내장도 없고 비늘도 없는 고기를 사서 돌아간다 살아생전 물고기의 눈은 감길 수가 없다 썩어야 감긴다 썩어야 동공이 열린다

나는 물고기의 눈알을 빼 먹는다 또다시 복수(腹水)가 차오른다 만성황달 앓는 간염 환자, 나는 희고 딱딱한 물고기의 눈알을 툭툭 뱉어낸다

벚꽃나무

추리닝 입고 낡은 운동화 구겨 신고 마트에 갔다 온다 짧은 봄날이 이렇게 무단횡단으로 지나간다 까짓 무단이라는 거 뭐, 별것 아니지 싶다 봄이 지나가는 아파트단지 만개한 벚꽃나무를 보면 나는 발로 걷어차고 싶어진다 화르르화르르 꽃잎들이 날린다 아름답다 무심한 발바닥도 더러는 죄 지을 때가 있다 머리끝 생각이 어떤 경로를 따라 발바닥까지 전달되는지…… 그런 거 관심 없다 굳이 알 필요 없다 그동안 내가 배운 것은 깡그리 다 엉터리, 그저 만개한 벚꽃나무를 보면 나는 걷어차고 싶어진다 세일로 파는 다섯 개들이 라면 한 봉지를 사서 들고 허적허적 돌아가는 길, 내 한쪽 손 잡은 딸아이가 재밌어서 즐거워서 자꾸만 한번 더 걷어차보라고 한다 한번 더

꿀맛

아카시아 언덕 밑에서 벌 치는 사람을 만난다 나는 본다 그의 벌통들, 하나의 출입구로 드나드는 수많은 벌떼를 본다 저 벌통은 면할 길 없는 서민 아파트다 기어들어가고 기어나오는 출입구가 하나뿐이다 나는 출구와 입구가 하나뿐인 목숨들을 본다 그의 벌통 앞에 흩어져 있는 벌들의 주검을, 본다 벌치는 사람의 빗자루에 슥슥 쓸려 사라지는 벌들의 주검, 주검을 밟고 다니며 주검을 으깨고 다니며 벌치는 사람이 꿀 따는 걸 본다 나도 주검 하나를 조심조심 발바닥으로 뭉개어본다 그에게서 꿀 한 종지를 얻어, 먹어본다

달다, 주검이 남긴 꿀처럼 찐득찐득 흘러내리는 저 앞 산마루 노을

직방

아아 이 두통— 지금
나에겐 직방으로 듣는 약이 필요하다

그렇다 얼마나 간절히 직방을 원했던지
오늘 낮에 나는 하마터면 자동차 핸들을 꺾지 않아
직방으로 절벽에 떨어져 죽을 뻔했다

직방으로 骨로 갈 뻔했다

오, 직방으로

다가오는 연애, 쏟아져내리는
눈물, 폭포

안다, 미친 자만이 직방으로 뛰어간다

십오층 아파트 베란다에서

몸을 날린 직방인(直放人)처럼
바닥 밑의 바닥, 과녁 뒤의 과녁을 향해 뛰어내리고 있는

이렇게 사십년 동안을 뛰어내리고 있는— 나는

주석 없이

탱자나무 울타리를 돌 때
너는 전반부 없이 이해됐다
너는 주석 없이 이해됐다
내 온몸에 글자 같은 가시가 뻗쳤다
가시나무 울타리를 나는 맨몸으로 비집고 들어갔다
가시 속에 살아도 즐거운 새처럼
경계를 무시하며

1초 만에 너를 모두 이해해버린 나를 이해해다오

가시와 가시 사이
탱자꽃 필 때

나는 너를 이해하는 데 1초가 걸렸다

벌레 잡는 책

이 책이 없었다면 저 벌레를 때려잡지 못했을 것이다 이 책이 없었다면 저 뜨거운 냄비를 내려놓지 못했을 것이다 이 책이 없었다면 저 삐걱거리는 개다리소반을 바로잡지 못했을 것이다 이 책이 없었다면, 이 책으로 얼굴을 덮지 못했다면 나는 벤치 위의 저 낮잠을 즐길 수 없었을 것이다 이 책이 없었다면, 화장지 없는 저 공중변소에서 나는 뒤를 닦지 못했을 것이다 나는 수사를 이해하지 못하는 저자, 이 책이 없었다면, 벌레 잡는 이 책이 없었다면 미사여구에 밑줄 긋는 저 독자놈의 뒤통수를 갈겨주지 못했을 것이다 벌레를 잡고 사람을 잡는 이 책, 이 책이 없었다면

북천

구름 같은 까마귀떼 저 하늘을 쪼았다 뱉는다 하늘밖에 더 뜯어먹을 게 없는

눈뜨지 마라 파먹을라 동안거에 들어간 하늘의 얼굴이 산비탈처럼 말랐다 두 볼에 골짜기가 패었다 하늘 눈〔目〕에서 피가 흐른다 서산마루를 타고 흘러내린다

주둥이마다 피를 묻힌 까마귀들이 앞산 넘어간다 금방, 캄캄해진다

■

해설

꽃피는 시절을 울고 웃다

최현식

일상에서 문득 마주치는 의외성은 대상에 대한 호기심과 불안감을 동시에 불러일으킨다. 일정한 기대와 예상 속에서야 대상을 '나'의 일부로 수렴하거나 대상과 친밀함을 나눌 여유가 생겨나기 때문이다. 하지만 이 의외성이야말로 대상의 새로움을 넘어 지금껏 숨어 있던 대상의 복합성을 발견하고, 그에 접촉하게 하는 개안(開眼)의 묘약이다. 의외성을 접하고 통찰하는 가운데 대상에 대한 상투적 인식과 자의성을 빌미삼은 주관화의 오류는 수정될 기회를 얻는다.

'나는, 웃는다'. 유홍준이 두번째 시집에 붙여준 이름이다. 이것을 보는 순간 나는 의외성에 바로 사로잡혔다. 유홍준을 삶의 부조리와 세계의 악마성을 차갑게 언어화하는 아이러니스트로 기억하는 독서경험은 일상적 의미의 '웃다'를 밀쳐내면서 다른 맥락으로 접속, 치환해 볼 것을 끊임없이 요구했다. 그러나 『나는, 웃는다』에 대한 독서 없이 '웃다'를 재맥락화하는 것은 무모하고도 폭력적인 넘겨짚기에 지나지 않을 터였다. 그런데 서둘러 찾아낸 표제작 「나는, 웃는다」를 일독하면서 처음의 의외성은 약화되기도 했지만 어떤 의미로는 더욱 강화되기도 했다.

이 시는 환상에 기대어 자아의 육체 훼손과 그것의 치유를 둘러싸고 벌어지는 소동을 우스꽝스럽게 소묘한다. 자아는 이 사태의 어이없음과 부조리를 계속적으로 변주되는 웃음을 통해 표상한다. 그렇다면 웃음은 삶의 그로테스크함을 더욱 부감하게 하는 영혼의 형식이자 그런 삶을 강제하는 일상에 대한 조소이다. 그래서 그것은 세계에 대한 유쾌한 반란이기에 앞서, 나날이 추문을 더해가는 헛헛한 현대성을 조문하는 울음이다. 그는 여전히 차가운 이성과 언어의 소유자인 것이다.

그런데 「나는, 웃는다」는 "누가 이 흉터끼리 뽀뽀를 시키는 거야"로 마무리된다. 표면적으로는 '흉터'에 대한 신경질적인 거절로 읽힌다. 하지만, 흉터끼리의 친화는 좌절된 세계를 넘어가면서 본래적인 웃음을 되찾는 눈물겨운 성애 의식으로 보아도 좋을 듯하다. 왜냐하면 시집 『나는, 웃는다』 전체에 걸쳐 '흉터', 즉 일그러진 삶끼리의 '뽀뽀'가 여기저기서 무심한 듯 행해지고 있으므로. 울음이 그 안에 웃음을 숨겨 키우고 있다는 것, 이는 의외성의 실질적 진앙지가 아닐 수 없다. 요컨대 유홍준은 울음과 웃음을 넘나들며 그것들의 경계를 지우고 중층화함으로써 삶의 우울과 희열이 언제나 동시적이며, 심지어 하나이기까지 하다는 간단찮은 진리를 예리하게 부조(浮彫)하고 있는 것이다.

*

시집의 명패가 순간 내뿜는 의외성을 먼저 얘기했지만, 이는 개별시편들에서도 쉽사리 감촉되는 유홍준 특유의 시작(詩作) 원리인 듯싶다. 『나는, 웃는다』는 첫시집에 비해 산문시의 증산이 두드러진다. 유홍준에게 산문시는 내면을 더욱 자유롭게 풀어놓거나 주목할 만한 사건과 이야기를 통해 현실을 비판적으로 조감하려는 의도에서 선택되지는 않는다. 그것은 대개 소소한 일상이나 작정하여 보지 않고서는 그냥 스쳐 지나갈 법한 일회적 사건을 재빠르게 찍어내기 위한 것이다.

하지만 이 작업은 사소하고 사적인 영역의 승리나 비극을 정밀히 현상하려는 일종의 재현 의지와는 거리가 있다. 그보다는 예상치 못한 이미지와 상황을 반복하거나 연쇄적으로 나열함으로써 그 세계의 숨겨진 이면과 복합성을 활성화한다. 이를 통해 이질적이고 갈등하는 존재들의 통합과 분열이 더욱 가시화되며, 세계의 복합성과 아이러니는 한층 심화된다.

새벽열차가 복숭아밭을 지난다 단물 빠진 껌을 씹으며 여자 하나가 올라탄다 화사하다 싸구려 비닐구두를 구겨 신고 있다 털퍼덕, 허벅지 위에 비닐가방을 올려놓고 빨간 손끝으로 떽 떽 검은 풍선껌을 터뜨리고 있다 복숭아, 복숭아냄새가 난다 저 여자 이내 잠이 들어 군복 입은 사내 어깨에 머리를 처박는다 생면부지 사내의 어깨 빌려 멀고도 먼 꿈을 꾼다 새벽기차표를 끊을 때 군복 입은 사내 곁엔 젊은 여자를 앉히는 이상한 역무원이 있다 몸 섞지 않고도 부부가 되어 종점까지 가는 사람들이 있다 (…)

—「복숭아밭에서 온 여자」 부분

어쩌면 이 시는 '복숭아밭에서 온 여자' 이야기가 아닐지도 모른다. 어쭙잖은 행색이나 조심성 없는 행위로 보건대, 젊은 여자는 복숭아밭보다는 후미진 읍내 어딘가에 더 어울려 보인다. 그녀는 단지 복숭아밭이 있는 역에서 기차에 올랐을 뿐이다. 그러나 그녀는 기차에 오르는 순간 어디에도 없는 복숭아밭을 만드는 주인공으로 거듭난다. 이것은 역무원의 장난기와 진심이 반반 섞인 자리 배정의 결과이면서, 낯가림도 없이 낯선 사내의 어깨를 빌려 '먼 꿈'을 꾸는 여자의 무작위한 행태의 소산이기도 하다.

이런 의미에서 기차간은 그저 사람들을 목적지로 실어 나르는 차가운 공간이 아니라, 서로 무연한 사람들이 까닭 없이 친밀감에 빠져드는 통합의 장소이다. "몸 섞지 않고도 부부가 되"는, 이 무섭게 낯선 친화, 이것이야말로 『나는, 웃는다』가 생산하는 동일성과 의외성의 정점에 해당한다.

통합의 욕망은 차이와 분열의 심화 속에서 가속된다. '복숭아밭'의 일회성과 영원성은 어쩌면 퇴락한 일상의 한 분자로 묶여가는 데 속수무책인 '동백꽃'의 경험 속에서 더욱 그 확실성을 얻는 것인지도 모른다. '동백꽃'의 진실은 서정주의 「선운사 동구」와 송창식의 노래 「선운사」에 깃든 님과 사랑과 눈물 속에만 있는 것이 아니라 다음과 같은 어처구니없는 현실 속에도 존재한다.

> 동백꽃 한 송이가 툭 떨어집니다 위층 사는 백수가 동백이파리 같은 피크를 쥐고 뚱땅뚱땅 기타줄을 퉁길 때 동백꽃 한 송이가 툭 떨어집니다 막 이혼한 여자가 옷가지를 챙겨 덜덜덜덜 가방을 끌고 지나갈 때 동백꽃 한 송이가 툭 떨어집니다 (…) 지랄하고는 허리가 부러졌나, 하루종일 드러누워 지내는 니트족 내 아들놈이 리모컨을 돌릴 때 떨어집니다 채널이 바뀔 때마다 떨어집니다 화면이 바뀔 때마다 떨어집니다 동백꽃 한 송이가 툭 떨어집니다 에라이 빌어먹을, 아무짝에도 쓸모없는
>
> —「빌어먹을 동백꽃」 부분

지는 동백꽃은 불길한 주술이다. 그것은 불행하거나 보잘것없는 삶들을 연쇄적으로 불러내며, 그들이 자신처럼 "아무짝에도 쓸모없는" 존재로 이미 전락했거나 전락하게 될 것임을 끊임없이 시사한다. 그래서 자아는 '빌어먹을 동백꽃'이

라며 종주먹질을 해대지만, 그러나 이 야유의 대상이란 처음부터 별볼일없는 추레한 현실임을 우리는 잘 안다. 그렇다면 동백꽃의 낙화가 낙백(落魄)한 세계를 불러오는 것이 아니라, 낙백한 세계가 동백꽃의 낙화를 강요한다고 바꿔 읽어야겠다.(과연 시인은 「벚꽃나무」에서 "그저 만개한 벚꽃나무를 보면 나는 걷어차고 싶어진다"라고 적고 있다. 이 공연한 심술만큼 우리의 치졸함과 편협함을 일거에 폭로하는 유치한 행위가 또 어디 있을까.) 이처럼 하나의 동일한 사실 또는 현상의 반복과 그 사이에 삽입되는 씁쓸한 현실의 연쇄는 정녕 무엇이 "아무짝에도 쓸모없는" 것인가를 효과적으로 환기하며, 그럼으로써 현실의 부조리성과 아이러니를 확연히 드러낸다.

하지만 유홍준은 동일성과 차이 중 어느 한쪽을 타고 흐르기보다는 두 요소를 슬쩍 버무리거나 맞대면시킴으로써, 기존 세계와 문자를 '미행(尾行)'하는 대신 "오솔길(구렁이이기도 한—인용자)이 하늘을 향해 기어오"르는(「尾行」) '미행(美行)'을 창조하고 있다. 이 '미행(美行)'의 상상력은 "인간의 길은 모두 바다로 가서 빠져 죽는다"는 항간의 불행의식이 시의 맨 앞자리에 놓여 있음을 볼 때, 현실을 간단히 초극하려는 낭만적 사유와는 거리가 멀다. 그보다는 웃음과 울음이 처연하게 녹아든 '꽃피는 시절'에 스며들고자 하는 자기 수련과 조정의 방법이라 함이 옳겠다.

벙어리가 어린 딸에게
종달새를 먹인다

어린 딸이 마루 끝에 앉아
종달새를 먹는다

조잘조잘 먹는다
까딱까딱 먹는다

벙어리의 어린 딸이 살구나무 위에 올라앉아
지저귀고 있다 조잘거리고 있다

벙어리가 다시 어린 딸에게 종달새를 먹인다
어린 딸이 마루 끝에 걸터앉아 다시 종달새를 먹는다

보리밭 위로 날아가는
어린 딸을
밀짚모자 쓴 벙어리가 고개 한껏 쳐들어 바라보고 있다

—「오월」 전문

종달새를 먹이고 먹는 벙어리 엄마와 딸은 불행하면서 행복하다. 딸에게 종달새의 이미지를 겹친다고 해서 현실의 불행이 해소될 리 없다. 그러나 이 상상적 행위를 통해 벙어리와 딸은 언어행위로도 불가능한 진정한 '소통'의 순간을 맛보며, 현실 너머의 삶과 아름다움을 엿보게 된다. 종달새에 대한 미행(尾行)은 이 순간 진정한 삶과 사랑의 형식을 완미하게 빚어내는 미행(美行)으로 훌쩍 뛰어오른다. 이 때문인지 「오월」은 바람직한 풍경을 욕망하는 데 그치지 않고, 취하여 마땅한 시작(詩作) 원리를 은근히 내비치는 것으로 읽힌다.

미행(美行)의 장(場)에 문외한인 자, 또는 거기로 난 문을 두드려보지도 않은 자, 그는 시인이라기보다 주어진 세계를 베껴쓰느라 바쁜 필사가에 불과하다. 「문맹」을 빌려 말하건대, '벙어리'는 문명(언어) 속의 문맹자이다. 그러나 그는 문명 너머 또는 문명 이전의 언어와 형식, 곧 종달새를 먹이는 방식으로 주어진 현실의 틀과 제한을 거뜬히 넘어선다. 진정한 시인이라면 백지를 만드는 제지공처럼 "자꾸만 문자를 잃어"가며 "문맹이 되어"가는 삶을 살아야 한다는 말은 그래서 가능하다. 어쩌면 '문맹'의 정도에 따라, 어느 시집은 '딸=종달새'의 새로운 언어와 세계를 창조하는 '말씀'의 보고가 될 테고, 또 어떤 시집은 "벌레를 잡고 사람을 잡는"(「벌레 잡는 책」) 무작하고 하찮은 필사물이 될 것이다. 따라서 '문맹'은 시의 실천원리이자 시적 가치를 가늠하는 주요 척도라 불러도 무방하다.

*

『나는, 웃는다』의 주요 테마 가운데 하나는 가족의 서사이다. 『喪家에 모인 구두들』(2004)에서 이 테마는 가부장제 권력에 의한 가족의 굴종과 희생을 전경화하면서, 어느 사이엔가 가부장제의 공모자로 굴절해가는 '나'를 문제 삼았다. 이 약속되지 않은 공모는 필연적으로 불안과 공포의 덫을 일상화한다. 『나는, 웃는다』에서 불안과 공포는 "한 인간을 잠그고 있는 흉터"(「그의 흉터」), 즉 심리적 외상(trauma)의 부픎과 '반쪼가리' 되는 가족(「반쪼가리 노래」)에 대한 직핍한 응시로 양면화된다.

그러나 이런 경향은 가족의 비극을 과장하거나 덧칠하기보다는, '흉터'끼리 '뽀뽀'하는 새로운 가족의 탄생을 이끄는 내적 동인이 되는 듯하다. 그런데 이 탄생은 아버지로 대표되는 가부장제 권력과의 사적이며 온정적인 타협, 즉 시간이 해결해준다는 식으로 원망을 해소하거나 핏줄의 논리에 기대 잘못을 용서하는 데서 시작되지 않는다. 『나는, 웃는다』에 등장하는 가족 이야기는 시인 자신이나 특정인의 경험으로 한정하기 어렵다. 유홍준은 어디선가 한번은 보고 들었음직한 '반쪼가리' 가족이야기를 다양하게 펼쳐놓음으로써 가족 경험의 지나친 사인화(私人化)를 제어하는 한편, 그것을 보편적 경험으로 구조화한다. 우리는 이것을 '가족의 몽따주화'라 부를 수 있겠다.

차이의 발견과 접합을 통한 동일성의 확보, 이것은 사적 체험을 공적 영역으로 객관화하는 방법이기도 하지만, 깊은 갈등과 분열을 약화시키고 궁극에는 해소하는 통로이기도 하다. 가족사의 공적 담론화는 특히 가족의 당위성이나 윤리 같은 신비화된 관념을 꺼내어 가족을 재구성하고 통합하려는 안이한 해결책을 제약하는 데 유효하다. '흉터'끼리 '뽀뽀'시키는 행위가 가족의 화해와 통합에 현실성과 미래성을 부여하려는 노력일 수 있다는 판단은 이에 따른 것이다.

> 중풍을 앓던 아버지가 삐딱삐딱 가로질러 가던 공터 디딜 수 없는, 나는 딛지 못한 공터 어디에 뒀더라, 옷이 되지 못한 자투리 같은 공터 누더기 누더기 기운 공터 헛젖이 달린 공터 헛배를 곯던 공터 우울의 그림자 길게 키우던 공터 전봇대에 매달린 보안등만이 목격한 공터 다 늦게 춤바람난 어머니 야반도주하던 공터 (…) 카악 퉤, 가래침을 뱉고 떠나온 공터 끝끝내 우리 집이 되지 못한 마포구 도화동 가든호텔 뒤의, 그 언덕배기의
>
> —「도화동 공터」 부분

'동백꽃'이 그랬듯이, 여기서는 '공터'가 가족의 환난과 우울을 지켜본 목격자로 치환되고 있다. 그곳이 '우리 집'이 되었더라면 가족의 고통과 치부를 숨길 수 있었을지도 모른다. 그러나 '공터'는 그렇지 못함으로써 오히려 그야말로 "누더

기 누더기 기운" 남루한 가계사를 역사화하게 된 것이다.

이 시에서 특징적인 것은 흔히 가해자로 그려져온 아버지의 몰락보다는, 바람나 야반도주했지만 석 달도 안돼 돌아온 뒤 아무 일 없었다는 듯이 예전의 일상을 반복하는 어머니의 모습이다. 「몽유도원도」에서 보듯이, 어머니는 가슴속에 "내가 알지 못하는/이상한 과일/한 덩어리"를 달고 있는, 가부장제의 최대 피해자로 흔히 그려져왔다. 그런 까닭에 어머니에 대한 연민과 아버지에 대한 증오 및 공포는 살부(殺父) 욕구를 불러일으킬 정도로 강렬하다.

그러나 이 가족 서사가 누구의 것이든 간에, 어머니가 도덕적으로 타락하고 철저히 세속화된 인물로 등장하는 것은 「도화동 공터」가 거의 처음인 듯하다. 물론 그녀의 '바람'은 삶의 고통을 잠시라도 벗어나보려는 도피행각의 성격이 짙으나, 그녀가 가족의 파편화를 더욱 가속하는 데 기여한 공모자임을 부인할 수는 없다. 이처럼 가해자와 피해자의 경계는 흐릿하며, 어쩌면 그것을 동시에 사는 것이 우리 삶의 본질적 국면이라는 인식으로부터, 가족의 재구성은 시작되는 것인지도 모른다.

> 살점 떨어져나간 무릎이며 복사뼈며
> 어깻죽지를 감쪽같이 붙이시던 아버지, 감쪽같이
> 자신의 과오를 수습하던 아버지의 심정은 어땠을까
> 아, 내 아버지의 종교는 아교!

세심하게 꼼꼼하게 개다리소반을 수리하시던
아교의 교주 아버지 보고 싶네
내 뿔테안경 내 플라스틱 명찰 붙여주시던
아버지 만나 나도 이제 개종을 하고 싶다 말하고 싶네
아버지의 아교도가 되어
추적추적 비가 오는 아교도의 주일날
정확히 무언지도 모를 나의 무언가를 감쪽같이 붙이고
싶네

—「아교」 부분

아교는 어머니와 싸울 때 부서진 개다리소반을 고치는 단순한 땜질용 물건이 아니라, 아버지가 "감쪽같이/자신의 과오를 수습"하는 자기 구제의 방책이었다. 아교가 종교일 수 있는 이유는 과오를 무두질하는 숨김의 능력보다는 수리 과정에 동반되었을 뒤늦은 후회와 쑥스러운 친밀감을 끈끈하게 붙여내는 접합의 능력 때문일 것이다. 종교의 구원은 영생만을 최후의 목적으로 삼지 않을 것이다. 끊임없는 성찰과 신에게의 절대적 기댐을 통해 보다 완전한 인간으로 거듭나는 것 또한 중요하다. 이승에서의 구원에 대한 실질적 기대치는 이를 넘어서기 어렵다.

개다리소반의 수리는 그런 점에서 과오를 꼼꼼히 기록하고 성숙한 영혼을 도모하는 정신의 단련 행위이다. '나'의 욕망이 기술의 완벽함보다는 자아의 확실성을 지향하는 것은 이 때문일 것이다.(그래서 아버지:아교의 관계는 시인(나):시의 그것으로 얼마든지 치환 가능하다. 시야말로 분열된 세계의 통합과 서로 이질적인 존재들의 친화를 가장 바라마지 않는 장르가 아니던가.)

> 얘야 올해는 가뭄 때문에 포도넝쿨이 엉망이구나 아버지 핏줄 한 가닥을 뽑아 나에게 내미신다 자아 받아라 어서, 이제는 이 포도넝쿨을 너에게 넘겨주어야 할 때가 온 것 같구나 아버지 굵은 당신의 팔뚝에서 핏줄 한 가닥을 뽑아 나에게 내미신다 한사코 내밀고 계신다 두 손을 내밀어 나는 아버지의 핏줄을 받는다 (…) 생전의 할아버지 깊디깊은 눈 속 한번도 들여다본 적이 없는 어린것들이 달라붙어 포도를 먹는다 한 송이 또 한 송이 할아버지 포도를 먹어치운다 알맹이만 발라먹고 뱉어버린 아버지, 껍질눈이 웃으신다 어린것들 바라보며 웃고 계신다
>
> —「포도나무 아버지」 부분

아버지와의 화합이 가장 밀도있게 표현된 시이다. 아버지의 내리사랑이 먼저 느껴지지만, 그것은 포도농사와 결합되면서 현실성과 정서적 감응력을 크게 얻는다. 생활과의 결합은 아버지의 핏줄을 관념적으로 잇거나 신비화하는 대신 아버지의 전체(아버지의 심장과 눈동자가 달리고 손바닥 이파리가 돋아나는 것으로 표상되는 포도나무의 이미지를 주목

하라)를 일용할 양식으로 삼게 한다. 비록 아버지와의 화해가 소박해 보일지언정 가족의 진정한 가치를 다시금 생각하게 하는 힘은 여기서 주어진다.

그렇다면 생활의 발견은 유홍준의 가족 서사의 출발점인 동시에 도착점이다. 가족을 '반쪼가리'로 만드는 것도 생활이지만, 파편화된 가족을 매끄럽게 이어주는 것도 생활이다. 생활에 밀착됨이 없다면, '꽃피는 시절'을 울고 웃는 영혼의 마주침도 없다. 시인이 바라는 바 "넘치지도 모자라지도 않는/한 아름, 한 아름의/실감"(「한 아름의 실감」)은 따라서 생활의 몫이다.

*

『나는, 웃는다』는, 비유컨대 "아버지와 형의 두개골을 들고 걸어가는 봄날"(「이장」)을 향해 가는 '나'를 성실하게 기록한 고백록이다. '이장'은 별다른 이유가 없는 한 결핍된 과거와 현재를 막음하고 '꽃피는 시절'을 영원화하려는 목적에서 행해진다. 아버지와의 갈등에서 화해로 변주되는 가족 서사의 방향은 실은 『나는, 웃는다』의 전체적인 흐름이기도 한데, 그런 의미에서 유홍준의 시는 아이러니에서 유추적 상상력으로 한창 이장중이다.

이때 중요한 것은 개성적 보편성의 확보가 차이의 시학보다는 동일성의 시학에서 더욱 긴요하다는 사실이다. 그렇지 않고서는 실감이 없거나 턱없이 부풀려진 '뽀뽀'를 그려내기 십상이다. 유홍준은 의외성과 돌연성을 능숙하게 구사함으로써 이 어려운 늪을 무사히 비껴가는 중이다. 그래도 그것들이 '너'와 '나'의 생활에 녹아들 때 리얼리티가 극대화된다는 사실은 또다른 미행(美行)과의 막힘 없는 접속을 위해 다시 한번 적어두기로 하자.

崔賢植 | 문학평론가

■

시인의 말

오동나무 밑을 지나가는데 아이 하나가 다가온다.

동그랗게 말아쥔 아이의 손아귀에서

매미 울음소리가 들린다.

얘야, 그 손

풀어

매미 놓아주어라.

그렇게 하지 않으면 너 평생 우는 손으로 살아야 한단다.

2006년 늦여름 진주에서

유홍준